LES
Coutumes de Chambly

PAR

le Chanoine Eug. MÜLLER

Aumônier de l'Hospice Condé, à Chantilly.

Extrait des Mémoires du Comité archéologique.

SENLIS
IMPRIMERIE EUGÈNE DUFRESNE
4, RUE DU PUITS-TIPHAINE

1909

Les Coutumes de Chambly

LES
Coutumes de Chambly

PAR

le Chanoine Eug. MÜLLER

Aumônier de l'Hospice Condé, à Chantilly.

SENLIS
IMPRIMERIE EUGÈNE DUFRESNE
4, RUE DU PUITS-TIPHAINE, 4

1909

Les Coutumes de Chambly

AVANT-PROPOS

Le Comité Archéologique de Senlis est redevable à la générosité des héritiers du chanoine L. Marsaux, d'un registre in-folio qui porte dans un cartouche doré ce titre vague : *Antiquités de Chambly*. On y trouve, entre autres documents : « Donation faite aux Dames religieuses de l'abbaye de Moncel lez Pont Sainte Maxence par le Roy Philippes, l'an de grâce 1333 au mois de Juillet, dans lequel titre de fondation est comprise la ville de Chambly »; « Sentence rendue en l'assise de Senlis, qui commença le dimanche après Pâques 1348, par Renaud de Rully, lieutenant du bailly Nicolas le Mettayer, pour régler un différend entre messire Mathieu le Maître, prêtre, procureur des dames de la maison de Saint-Ladre de Chambly, et les religieuses de Moncel, au sujet du bannage du pain ». Mais le document capital est assurément une copie des Coutumes de Chambly.

Les Coutumes de Chambly offrent un intérêt particulièrement considérable. Elles nous initient à la vie intime d'une petite ville, aux industries qui l'enrichissent, aux règlements de fabrication soignée et d'honnêteté commerciale qui protégeaient la réputation et attiraient le client, aux ménagements qui sauvegardaient l'intérêt du maître et la dignité de l'ouvrier, aux fêtes d'honneur et de religion qui jetaient comme un rayon de joie à travers les fatigues inévitables du travail [1].

---

[1] Je ne prétends pas qu'il faille taxer d'exagération tous les reproches que Louis XVI, ou plutôt son ministre Turgot, a violemment édictés contre les communautés, en février 1776. Les abus que les passions

L'établissement des Coutumes de Chambly remonte à une ancienneté (1173) qui en fait un document d'une grande rareté historique. Quant au manuscrit que nous copions, il date, ce semble, du premier quart du xviii° siècle. Il a été copié lui-même sur des originaux aujourd'hui perdus, puisqu'une main avisée a ajouté à la page 15 cette note : « Les originaux de la donnation cy dessus, ainsy que des Coutumes de Chambly cy après transcrittes, onts été brullé dans l'étude de François Delarbre [1], premier huissier au bailliage royal de Chambly, par l'incendie général arrivez en la ditte ville le 22 Aoust 1744 ».

A quelle date faut-il attribuer la rédaction dernière des Coutumes de Chambly? Probablement aux débuts du xiv° siècle.

Coutumes de Chambly.

« Ce sont les coutumes [2] de la ville de Chambly, faites et ordonnées [3] en l'an de grâce mil cent soixante et treize ans, au tems que la commune [4] fut donnée en la banlieue qui s'étend

---

humaines de l'avidité, de la jalousie, et le temps amènent fatalement en toute institution, réclamaient qu'on cherchât un remède aux inconvénients du monopole, aux querelles de métier, à « la faculté même accordée aux artisans d'un même métier de s'assembler en corps »; mais ce qui existe aujourd'hui, liberté absolue de produire sans souci de la perfection du travail ni de la sincérité de la matière qui est mise en œuvre, invasion des marchés des villes par les forains, indépendance des ouvriers vis-à-vis des patrons, surmenage des forces, etc., est-il parfait ?

[1] Il demeurait rue de Gisors, vis-à-vis l'hôtel de la Serpente.

[2] Coutumes signifie ici les redevances dues à la commune pour transit, tonlieu, etc., les statuts des corps de métiers et les sanctions et amendes imposées aux délinquants. — La *Statistique de Neuilly-en-Thelle* révèle que Graves connaissait le manuscrit que le chanoine Marsaux a laissé au Comité Archéologique de Senlis, car cette statistique contient un résumé de ces Coutumes.

[3] Rédigées. Ceci n'est vrai que pour une partie du texte qui suit.

[4] La commune de Chambly est donc contemporaine de celle de Senlis. C'était l'époque où commençait à se manifester cette « expansion joyeuse de la vie sociale dont fut témoin le règne de saint Louis » (G. Fagniez, *Documents relatifs à l'Histoire de l'Industrie et du Commerce en France*, t. II, Introduction).

dedans les limittes cy après exprimées : c'est à sçavoir du chemin des champs qui est vers Beaumont par la pierre de Persan jusqu'à l'ormetel du marché des Bernes, et d'illec [1] à la vieille voye de Beauvais jusqu'à l'Epine de Roulleval, et d'illec jusqu'à l'Epine de Landrimont ; et d'illec jusqu'au bois Moreau de Hodencq, chevalier, et jusque au devant du chemin des champs [2].

1. — « Voici la coutume du *travers* [3], qui est telle. Celuy ou celle qui vient de vers Ponthoise ou de Mante ou de Normandie ou de là entour, de quelque part que ce soit, et il vient à Chambly, et il s'en va sans passer outre la ville ne la banlieue, sy [4] ne doit de travers ; et s'il passe outre par la ville ou par la banlieue et il est hors de la comtée de Beaumont [5], il doit son travers à Chambly, d'un cheval un denier de travers, et de la chartée chargée [6] du timonnier deux deniers, et de chacun cheval devant un denier, et, de la chartée vuide, de chacun cheval un denier ; et sy, l'homme ou la femme à cheval un denier, et le sommier un denier, et le mulet un denier, et l'asne ferré un denier, et le collier une maille [7], et la brouette une maille....

« Derechef les hommes de Chambly ne doivent point de travers en toute la comtée de Beaumont.

« Derechef les hommes de Chambly ne doivent point de

---

[1] D'illec, « de illo loco », dit Littré ; de là.

[2] Voici quelques notes que le registre porte en marge : « La pierre de Persan estoit entre Persan et le Moulin Neuf au rasibus du terroir. L'Orme du Marchez de Berne est l'Ormelan Cassette. La vieille voye de Beauvais est le vieux chemin de Paris. L'Espine de Roulleval est les deux arbres de Fresnoy. Ces bois Moreau de Hodeng sont ceux de la Fai, au-delà du pavé de Beaumont ».

[3] Redevance imposée à quiconque transportait des marchandises à travers une ville, un pont.

[4] Dans ce cas.

[5] La suite du texte apprend que les habitants de Chambly étaient exempts de tout travers dans l'étendue du comté de Beaumont, de la seigneurie de Montmorency et de la châtellenie de L'Isle-Adam.

[6] Cet article des Coutumes distingue ces moyens de portement : charrette, somme ou charge à cheval, à mulet et à âne, somme à col (colporteur), brouette.

[7] Maille, moitié du denier.

travers pour quelques choses qu'ils mainent en toute la châtellenie, ne en la terre de Montmorancy, ne par toute la châtellenie de la terre de l'Isle.

2. — « Voici la coutume des *charpentiers*.

« Premier. Nul charpentier qu'il soit ne de quelque métier qu'il soit de charpenterie [1], ne peut' ne ne doit allouer [2] en nule mannière à homme de la ville ny de la paroisse de Chambly, pour quoy il n'ait son souper, qu'il n'en soit en l'amende du maire et des pairs de la ville de Chambly, et l'homme de Chambly et de la paroisse qui les aloueront seront aussi en l'amende.

« Derechef nuls charpentiers de merien [3] à vin ne peut ni ne doit laisser au dol [4] le merien point d'aubel [5] qu'il puist par son serment faire tant seulement comme le jointure en pourra emporter ou joindre....

« Derechef le charpentier doit par son serment à son pouvoir faire tonneau de moissons [6], c'est à sçavoir en vendange de trois.... le tresel [7], et de deux muids et demy tenant le doublier......

3. — « Voicy la coutume des *vins* » (vendus en gros ou à taverne pour le forage, la mesure, le criage, le chargeage, le rouage, le courtage du couratier. Le maire garde le patron des mesures).

4. — « Voicy la coutume de la *halle au bled* et des autres *graines* et des *moutures* des moulins....

5. — « Voicy la coutume du *bled* et des *avoines*, des *poix* et des *fèves* [8]....

---

[1] Le champ du travail de charpenterie, qui était caractérisé par l'usage « du trinchant en merrien », était plus étendu en *métiers* qu'il n'est aujourd'hui : tonneaux à vin et cuves, huches, couverture de maisons, charronnerie, tables, bancs.

[2] Travailler en retour d'un salaire chez autrui.

[3] Merrain, bois. Ce texte obscur doit se traduire ainsi, ce me semble : nul charpentier de merrain ou douves pour cuves à vin ne doit laisser au merrain de l'aubier, à moins qu'il ne puisse faire serment de n'en laisser que ce que le jointoiement pourra emporter.

[4] Dol (dolium), doil, cuve.

[5] Aubel, aubier.

[6] Moison, mesure.

[7] Tresel, doublier, mesures de liquides.

[8] Grain à la sachée.

6. — « Voici les coutumes du tonlieu du *fer* et de tous *ferments*. C'est à sçavoir la chartée de platte de fer [1] ou de ferments neufve ou d'acier ». La suite de cet article énumère : « besches, houes, trépiez, landiers [2], fers à charrue, gonts, pelles et vertives [3] et clouaille, serpes, cognées, couteaux, forces, tranchans, faucilles, verges à trefille... ».

« Derechef sy hommes de hors la ville apportent haubers [4] à vendre ou il a acheté, si doit du haubert un denier de tonnelieu, s'il n'est franche personne, et de la tescière [5] à cheval un denier, et de la croupière de fer à cheval un denier, et d'un aulgron [6] un denier, et de la coiffe trucheoise [7] une maille, et des gantelets une maille, et de la gorgière [8] une maille, et de la paire de chausse une maille, et de la paire de chaussons [9] une maille.

7. — « Voicy la coutume des *boulangers* [10].

« Derechef pour les coutumes de pain garder, les maires et pairs et la justice établiront trois prud'hommes de la ville de

---

[1] Platte, plate de fer, plaques de fer dont on confectionnait des armures et des couvertures de chevaux.

[2] Graves a copié : trépans, lardières.

[3] Vertever, vertevelles....., loquet.

[4] J'ai cru bon de fournir ici le texte du manuscrit, parce que la lecture de Graves est fautive à plus d'un endroit, et surtout parce que cet article énumère tout l'équipement militaire d'un chevalier et d'un écuyer des XIIIe et XIVe siècles. — Haubert, tunique de mailles à manches que les chevaliers portaient à la guerre, du XIIe au XIVe siècle.

[5] Testière et croupière de cheval, pièces de l'armure du cheval qui lui protégeaient la tête et la croupe.

[6] Faut-il lire haubergeon ?

[7] Coiffe trucheoise, probablement coiffe turquoise, comme l'on disait arc turquois, tapis turcois, etc., c'est-à-dire formée d'une calotte de fer et d'un camail de mailles qui pendait sur les joues et le cou.

[8] Gorgière, gorgeret. — Graves a lu gurgué.

[9] Chaussons à mettre sous les chausses de mailles (voir la coutume des haubergiers).

[10] Ce chapitre des Coutumes amène ces locutions : « Nuls boulangers ne peut vendre pain de maille ou fournage de four », probablement pain que l'on abandonnait d'ordinaire au fournier ; « ne doivent les boulangers faire..... pain à abot, sy ce n'est au tems des vendanges », probablement pains à about, c'est-à-dire adhérant l'un à l'autre, « en bèsure », comme l'on dit encore en picard.

Chambly, c'est à sçavoir deux bourgeois et un boulanger, et jureront sur saints..... que bien et loialement garderont le pain qu'il soit suffisant selon le tems que le bled sera. Et s'il advient qu'ils trouvissent pain qui ne soit suffisant, ils le prendront et apporteront à la justice, et fera la justice sa volonté du pain, et s'amendront les boulangers quy petits pains auront faits.

8. — « Voicy la coutume des *chartiers* et des *sergens*, et des *valets à pied*, des *nourices* et des *chambrières* qui servent à autruy pour loyer [1]....

9. — « Voicy les coutumes comment les hommes de la commune de Chambly peuvent *prendre et arrêter* de leurs debteurs. Les hommes de la commune de Chambly, en tous les lieux de la comté de Beaumont qui sont en nostre destroit, fors que en sacré lieu, pourront prendre des choses de leurs debteurs......

10. — « Voicy la coutume de tous *cuirs* à poil et de *souelliers* et des cuirs tannez, c'est à sçavoir cuir à poil de beuf ou de vache, ou de cheval ou de mulet ou d'asne, de chèvre, de truie, de cerf ou de biche. Suit le tonnelieu pour vente en détail, en gros, de souilliers de vache......

11. — « Voicy les coutumes du *bestail*, des *chevaux*, des *mules*, des *vaches* et toutes bestes..... C'est à sçavoir, le cheval vendu doit deux deniers de tonnelieu, et celuy qui l'achète sy en doit deux aussy s'il n'est bourgeois de la ville ou franche personne. Et sy le cheval est changé avec autre cheval, sy payera chacun marchand quatre deniers de tonnelieu pour l'échange, pour quoi il y ait quatre deniers et maille de soulte [2]; et s'il n'y a nulle soulte, sy n'en doivent rien. Et le mulet doit deux deniers de tonnelieu, et l'asne un denier, et le beuf un denier, et la vache une maille, et la chèvre une maille, et le pourcot une maille, et brebis une maille de tonnelieu. Et le torel et le mouton coulart [3] ne doivent rien....

12. — « Voicy les coutumes de tout *avoir* [4] de *poix*, de *sain*,

---

[1] Moyennant gages. Ce chapitre est incompréhensible à cause des lacunes qui sont dans le texte.
[2] Solte, solt, paye.
[3] Coillart, non coupé.
[4] Marchandise, cosse, mercerie.

de *harent*, d'*huille* et d'*epicerie*,... C'est à sçavoir,... coisse,... cire... cotton..., Derechef chacun meltier de la melterie sy doit mettre en rang à étal....

13. — « Voici la coutume du *poisson frais et sallé*... ». — La question du poisson était, à l'époque des coutumes, plus malaisée à résoudre qu'aujourd'hui. Aussi l'article que nous étudions renferme des articles minutieux. Nous dirons seulement que les poissons nommés sont : harent, macreaux ou macrel, morueaux, merlan ; qu'ils se vendaient par sommes, par hottes : « sy la marchandise est en costes » ; que l'acheteur qui baillait « le denier Dieu » ou arrhes avait des droits particuliers à acquérir les « pechailles de la mer » ; qu'un « couratier » peut se présenter, « qui fera serment qu'il lui fera vendre ».

14. — « Voicy les coutumes du *sel*. C'est à sçavoir sy homme ou femme de hors amène sel vendre à Chambly, sy doit cinq deniers de la chartée de tonnelieu ; et sy celuy qui l'achepte la revend à estal et devoit au marché, sy payera cinq deniers aussi....

« Derechef si homme ou femme de Chambly achepte sel à chartée ou à sommier ou au muid, ou il l'amène de la mer et il le met ou fait mettre en sa maison ou en l'autruy en garde en grenier pour garder, sy ne doit point de tonnelieu....

15. — « Voicy les coutumes du *merien*, de pelles, de besches, de fourches, d'auges ou d'ecuelles. C'est à sçavoir la chartée de merien à moisonner [1] ou à huches faire, ou merien à tonneaux, ou à charon, ou à autres meriens, sy doit deux deniers de tonnelieu ; et la chartée de cerceaux....., si doit un denier de tonnelieu ; et la chartée de tables ouvrées doit deux deniers de tonnelieu.....; et la tonne à fouler vin ou drap, sy doit un denier de tonnelieu ; et nul petit tonnel, ne cuvier, ne baignioire ne doivent rien,...

16. — « Voicy les coutumes de l'*airain* et du *cuivre*. C'est à sçavoir la chaudière d'airain ou de fer neuve doit un denier de tonnelieu, et le chaudron une maille ; la poëlle, le bassin et le pot de fer et de cuivre, chacun une maille.... Le cent d'étain et le cent de plomb, chacun cent, deux deniers....

---

[1] A faire les charpentes des maisons.

17. — « Voicy la coutume des *draps de laine* [1]. C'est à sçavoir le drap de laine vendu soit en pièces, soit entiers, sy doit deux deniers de tonnelieu; et sy en la [pièce] n'y doit avoir qu'une aune en l'aune de Chambly, sy doit un denier de tonnelieu....

« Derechef le drap de tiretaine [2], quelle qu'elle soit, sy doit un denier de tonnelieu......; et sy s'acquitte en la manière que le drap de laine fait, et le demelin [3] de Rains ou d'Angleterre ou d'autres pays vendus, sy doit un denier de tonnelieu, s'il n'y en avoit qu'une aune; et la biffe [4], de quelques pays que ce soit, si doit un denier de tonnelieu.

« Derechef la halle aux draps fut établie en telle manière que le drapier et le chaussier [5] en doivent rendre chacun an à Pasques dix livres à la ville, combien qu'il y ait de drapiers et de chaussiers. Et sy doivent soutenir la halle à leurs cousts bien et suffisamment; et que tous marchands qui vendront et achepteront draps de quelle manière qu'ils soient, qu'ils voudront vendre en la halle, et auront et paieront estal chacun à l'année, selon qu'il y aura de drapiers et de chaussiers, excepté bureaux [6], blancq [7], bleuette [8], et bonnette [9] noire sans lizière.

---

[1] Cet article mentionne : le tiretaine, le damelin ou plutôt camelin, la biffe, le bureau, qu'il n'est pas toujours aisé de définir exactement.

[2] Tiretaine, drap de fil et de laine grossier qu'on fabriquait à Beauvais, à Beaucamps en Picardie. Tiretaine est encore usité dans le patois picard.

[3] Camelin, étoffe de poil de chèvre mélangé de laine et de soie de la couleur de la bête ou d'autre teinte, blanche, perse.

[4] Biffe, étoffe légère presque toujours rayée ou biffée en travers, qui se fabriquait à Paris, à Provins.

[5] Il s'agit ici des fabricants de chausses en drap. Le livre des métiers de Gisors distingue : chausses à pied, chausses à moufles ou à pieds coupés, haut de chausses ou braies, bas de chausses.

[6] Bureau, burel, drap de laine grossier et épais, en général d'un brun foncé, qui servait particulièrement aux religieux et aux pauvres.

[7] Blanc, blanchet, étoffe de laine blanche légère qu'on employait à faire des chemises, des camisoles, des colerons ou cols, des chausses, etc., ou vêtement de n'importe quelle couleur.

Fin blanc d'Ypre leur schapte
Pour faire surcos ouvert,

dit notre bailli Eustache Deschamps.

[8] De *bluetus*, drap bleu.

[9] *Bonneta*, sorte d'étoffe dont Guillaume de Nangis parle ainsi : « Ab

« Derechef sy homme ou femme fait un drap soit bleu, soit blanc, soit burel, soit noire, soit bonnette, de la laine de ses bestes sans point acheter d'autres, il les peut vendre à la halle et hors de la halle et où il voudra, mais il n'y ait point de couleur autre et qu'il n'y ait point de lizière [1].

« Derechef tous les drapiers de la halle et de hors qui vendent draps de toille, sy doivent faire serment qu'ils ne donneront rien à couratiers ny à tallandiers de robbes [2] pour faire vendre leurs draps ; et quy en sera repris de serment, il sera en l'amende de soixante sols.

18. — « Voici les coutumes des *garniments* neufs. C'est à sçavoir : le seurcot, sy doit un denier de tonnelieu ; la cotte, le mantel, la houce, la cloche, la chappe, le couvertoir de laine [3], un denier ; et autant en doit l'achepteur comme le vendeur, s'il n'est bourgeois de la ville ou franche personne ; et s'il y a nuls de ces garnements fourrés [4] de peau commune, sy doit chacun garnement trois mailles de tonnelieu.... Si l'en y a nuls fourrez de gros ver [5] ou de gris [6] ou d'escureus ou d'ermine,

---

illo tempore nunquam indutus est squarleta vel panno viridi seu bonneta » (depuis cette époque, jamais le saint roi Louis ne se vêtit d'étoffe écarlate, ou de drap vert ou bonnette). — Ne faut-il pas lire : brunette, noire ?

[1] La lisière était pour le drap comme une lettre de haute recommandation.

[2] Tailleurs.

[3] Voici les garniments qui sont nommés ici : le surcot, robe que l'on portait par dessus la cotte ; la cotte, tunique à manches étroites ; le mantel ou manteau ; la housse ; la cloche, surtout fendue devant et derrière, ou sur les côtés, et munie d'un capuchon ; la chappe à eau, munie généralement de manches et d'un capuchon ; le couvertoir ou couverture.

[4] La penne qui servait de doublure à ces garniments ou vêtements était une peau ou une étoffe.

[5] Les fourrures de peaux les plus estimées étaient : le gros vert, le gris, l'écureuil et l'hermine. Le gros vert était un pelage d'une espèce d'écureuil du nord, dont le dos, gris-violacé en hiver, et le ventre toujours blanc, formaient par leur alternance les fourrures nobles. Ce nom vert, ou mieux vair, vairé, venait de la variété ou bigarrure que formaient ces oppositions de demi-losanges gris et blanc. « Pennes et fourreures qui se doivent entremesler de dos et de ventres, comme gros vair, menu vair » (Fagniez, II, 221).

[6] Gris, fourrure faite avec des peaux de couleur grise.

sy doit deux deniers de tonnelieu ; mais menu ver [1], ne ventre de conins, ny de liepvre, ny de cuisses de nulles bestes, ne doivent néant. Le chaperon [2] sangle doit une maille de tonnelieu, et le fourré doit un denier ; et le chapperon neuf, s'il est fourré de gros ver ou de gris ou d'escureus ou d'ermine, sy doit trois mailles de tonnelieu.

19. — « Voici les coutumes des *garniments* vieux. C'est à sçavoir le seurcot, la cotte, le mantel, la houce, la chappe, la couchevoir (?), le chapperon, les manches...

20. — « Voici la coutume des *sarges* et des *tapis*. C'est à savoir la sarge [serge]..., le tapis sangle [3], le double de cendal [4], le drap d'or..., le cendal..., le bustel [5], le couvre chef, la couste [6] de plume, le coissin, l'orillier de duvet, la taye à couste, à coussin, à orillier....

21. — « Voici la coutume du *linge*. C'est à sçavoir la robbe entière, la chemise, les brayes [7], la paire de chausses de toile, le sacq cousu [8], la chainze à se covrir [9], la chainze rond [10], le couvre chef, le doublier [11]....

22. — « Voici la coutume des *toilles*......

23. — « Voici la coutume de la *pelleterie* neuve. C'est à sçavoir le garniment de gros ver, ou de gris ou d'escureux ou

---

[1] Menu vair ou vair, varié à la façon du gros vair, mais formé des déchets de l'écureuil, queues, pattes.

[2] Chaperon sangle, c'est-à-dire non doublé.

[3] Tapis sangle, étoffe mince.

[4] Cendal, étoffe légère de soie unie, analogue, ce semble, au taffetas, laquelle recevait toutes couleurs pour vêtements, doublures de fourrures, enseignes de guerre.

[5] Bustel ou bustail, corsage.

[6] Matelas.

[7] « Brayes », haut-de-chausses.

[8] « Sac cousu », manteau court.

[9] « Chainze à se covrir », toile de lin ou de chanvre, et par suite chemise, jupe.

[10] « Chainze rond », tunique.

[11] Nappe longue qu'on plie en deux. — Le tonlieu indique la valeur relative de ces articles. Tandis que la serge, que l'on fabriquait à Beauvais, à Mouy, etc., le tapis sangle, le cendal doivent un denier, le bustel et le couvre-chef une maille seulement, la couste, matelas de plumes, doit trois deniers.

d'ermine, doit deux deniers de tonnelieu; et la fourrure des chapperons de autre beste, sy doit un denier, puis qu'elle coûte douze deniers; et sy elle coûte moins, sy ne doit qu'une maille, puis qu'elle soit vendue quatre deniers maille; et les garnimens de dos de conins et de liepvres ou de gopiaux [1] ou de chats de haulte moire [2] ou d'autres bestes étranges [3], mais qu'elles soient neuves, sy doit un denier de tonnelieu; et la fourrure à chapperon de telles bestes soit une maille; et la pesseri au cers [4] une maille, et le garniment de chas de mesme (?) doit une maille de tonnelieu.

« Derechef le garniment de vieux, pelleterie de conins ou de liepvres ou de goupiaux ou de chats de haulte moire ou d'autres bestes sauvages......

24. — « Voici la coutume des *peaux* craes [5] de touttes bestes sauvages..... ».

Ce chapitre ajoute à la nomenclature du chapitre 23 : le tesson [6], le chat sauvage [7], la loutre, la biche, les peaux de boucher. Ces peaux se vendaient en toutes quantités, par douzaine, quarteron, cinquante, cent.

25. — « Voicy la coutume de la *laine*......

26. — « Voici la coutume du *lin* et du *chanvre*......

27. — « Voici la coutume des *fruits* et des *herbes*,......

28. — « Voici les coutumes d'*aux* et d'*oignons* et d'*escalongues* [8], de poirée, poireaux, cresson, laitues.....,

29. — « Voici la coutume du *sennevé*, du *pavot* ou du *channevieux*.... (Vente par charretée, somme, boissel, cuiller de fer).

30. — « Voici la coutume des *pots* et des *godets*,..., (Il y avait un marché franc le lundi).

31. — « Ce sont les coutumes des *bouchers*... ».

---

[1] Goupiaux, goupilleaux, petits goupils ou renards.
[2] « De haulte moire », de oultre mont (?) ou de oultre mer (?).
[3] Étrangères.
[4] Peausserie au cerf, peau de cerf (?).
[5] Crues, vertes.
[6] Blaireau.
[7] Le chat sauvage a disparu à peu près de nos pays.
[8] Le registre enchaîné de Senlis emploie la même orthographe : « la charetée escaloignes », d'échalottes, escaloingnes.

Ce chapitre renferme plusieurs règlements fiscaux, sanitaires ou religieux que j'indique seulement : nécessité aux bouchers d'avoir un étal à cens ou halage, de vendre à étal entre la Pentecôte et la mi-août à cause de « l'échauffiture du temps », de ne conserver les viandes qu'un certain temps déterminé ; défense d'exposer pour vendre les jours de la Toussaint, de Noël et de Pâques ; privilège aux bourgeois de se munir au marché de viande comme de poisson, de sel, etc., avant que les revendeurs enlèvent la marchandise. Je donnerai *in extenso* quelques détails plus typiques.

« Que nul boucher de Chambly, ne de hors..., ne peut... vendre chair à Chambly qui ait été noury chez [1]...... ny chez barbier [2], ny de nuls saineures [3], ny de mesel [4].

« Derechef nul boucher ne peut... ny ne doit tuer ny vendre en la ville de Chambly véel [5] s'il n'est de trois semaines.

« Derechef nul boucher ne peut... ny ne doit vendre nulles bestes qui sçache qui ait le fil [6], ny qui soit entéchiée de nulles vilaines maladies, ny qui soit meshaigne [7] ny blessée....

« Derechef nul boucher ne peut ny ne doit tuer ni vendre chair de mouton coulart ni de brebis femelle pour son manger

---

[1] Le mot manque, peut-être huillier. Les lettres-patentes de Henri III de février 1586, érigeant en métier juré les bouchers de la boucherie de Beauvais, rappellent ces règlements de la communauté. « Nul boucher de la dicte boucherie ne pourra tuer de porc qui ait esté nourry en maison d'huillier, de barbier, ne en maladerye, sur peine d'être gecté aux champs ou en la rivière. » (*Les Métiers et Corporations de la ville de Paris*, t. I, p. 282).

[2] Les barbiers pratiquaient la saignée. Il ne fallait pas que des animaux nourris chez eux pussent boire du sang de chrétien.

[3] Saignées.

[4] Lépreux.

[5] Veau.

[6] Fil, maladie contagieuse pour l'espèce bovine. Des règlements de 1485 et de 1487 amènent la même expression : « ... beuf entéchié de fy », bœuf ou vache qui ait le fil. Les lettres-patentes de Henri III de 1586 répètent l'interdiction : « Item nul ne pourra semblablement tuer chair pour vendre qui ayt le fil ». — L'ancien art vétérinaire attribuait à la pierre « topace » le secret de guérir ce mal : « Li fiz qui est d'estopace cernez, ja puis ne croistra » (*Le Livre des Pierres*).

[7] Meshaigne, mutilé.

ou autrement entre la feste Notre-Dame de la my-aoust et la feste Saint-Remy....

[Les marchés principaux étaient ceux de Pontoise, de Montmorency et de Mouchy].

« Derechef le maire et les pairs et la justice de Chambly doivent mettre et établir trois prud'hommes bouchers qui par leur serment garderont les coutumes bien et loialement.

32. — « Voici la coutume des *pellerins* et l'ordre de ceux qui vont en pellerinage, et les femmes qui relèvent d'enfants, faits par l'accord des bonnes gens de la ville de Chambly pour leur commun proffit.

« Nous, Michel le Hucher, maire. — Que nuls ne mangeasse avec autre qui doit aller en pellerinage si n'est père de celuy ou fils ou frère ou neveu ou oncle, fors à escot, excepté le pellerinage d'outre mer [1].

« Item il est deffendu... que nuls ne mangissent au relèvement [2] de la femme qui aura eu enfant.

« Item que nuls ne fassent franc manger à la mort de son amy.

« Item il est deffendu que nuls ne mène aux noces ni enfants ni son sergent à autruy manger s'il ne veut payer son escot [3]. [Amende de 60 sols].

« Ce fu fait et ordonné l'an de grâce 1229 au temps Michel le Hucher, maire au temps lors de la ville de Chambly ».

33. — « Voici la coutume des *haubergiers*, qui sont faites et establies anciennement par le maire et par les pairs et par la justice et par toutte la communautté de la ville de Chambly.

« C'est à sçavoir : premièrement que nul ne peut apprendre à aubergier fors que le père ou la mère de l'apprenant ou de celuy même qui l'apprendra n'est nay de la ville ou de la paroisse de

---

[1] La raison de cette défense était de protéger des bourses plus ou moins plates contre des indiscrétions coûteuses.

[2] Relevailles. « Aus ne nule ne peut mengier ne boire as acochies se n'est mère, et qu'est repris de ce il paiera vint solz, et ce à tenir li maires et li per et li juré afianciront » (Registre enchainé de Senlis, f. 42 r°).

[3] Escot, table où se réunissent plusieurs convives, et par conséquence prix de la place qu'on y occupait ; repas à frais communs.

Chambly, et n'y peut on apprendre à ouvrer nulle femme de haubergerie [1].

« Derechef tous ceux qui apprendront à lacier [2] serviront par un an pour néant.

« Derechef après l'an et après que aucun confist [3], il apprendra à estoupper et à fétier [4] par un an.

« Derechef quiconque voudra apprendre à confir [5], il servira un an pour néant.

« Derechef nul confiteur ne peut avoir qu'un lasseur [6] tant seulement.

« Derechef sy aucun sera departis et allé hors de la ville de Chambly pour apprendre à confir, et il veut repairer [7] pour confir en la ville de Chambly, il servira un an pour néant.

« Derechef chacun bourgeois né de la ville de Chambly peut tenir ouvrier et ouvrer en sa maison, s'il veut, pour faire haubergerie.

« Derechef nul ne peut ne ne doit porter haubergerie de son hostel fors de la ville de Chambly, sy elle n'est au tans [8] vendue.

« Derechef quiconque soit né de la ville de Chambly voudra apprendre son fils, son frère, son neveu à ce mestier, il luy apprendra.

---

[1] Les anciens ne permettaient pas aux femmes de se livrer à ces métiers pour des motifs que notre siècle de prétendu progrès semble avoir oubliés : « Nul femme ne doit ouvrer ou mestier, s'il s'agit des tapis sarrazinois, pour les periz qu'il y ont ; car, quant une femme est grosse et le mestier dépiécé, elle se porroit bléchier en telle manière que son enfant seroit péris, etc. (Fagniez, *Documents relatifs à l'Histoire de l'Industrie*, etc., 1290).

[2] Lacier, lacer, faire les maillons du haubert, c'est-à-dire étirer l'acier, le couper à la longueur, le courber, ménager aux extrémités de chaque petit cercle ici un œil, et là un ergot.

[3] Avant que aucun confist, confectionnât un ouvrage complet, il apprendra à estoupper, fermer, boucher, c'est-à-dire : « river à grain d'orge et souder à chaud ».

[4] A faitier, c'est-à-dire à pousser à bien un ouvrage complet ou chef-d'œuvre.

[5] Confiteur, confectionneur.

[6] Faiseur de maillons (voir lacier).

[7] Repairer, repairier, revenir dans son pays.

[8] En ce moment.

« Derechef quiconque fera vendre haubergerie, il aura du haubert douze deniers de son courtage et néant plus, de haubergion [1] dix deniers, de la coiffe [2] dix deniers, des chausses [3] six deniers, des gantelets [4] six deniers, de la gorgière [5] six deniers, de la couverture à cheval [6] douze deniers; et sy touttes les armeures étoient vendues ensemble, le vendeur courtier n'en aura que douze deniers; et sy elles sont vendues par partyes, le moyenneur en aura son loyer selon la raison dessus ditte.

« Derechef nul confiteur ne confira par nuit à chandelle, si ce n'est proprement pour le corps du roy de France s'il en a mestier.

« Derechef nul appreneur à lacier ny à confire ne peut laisser son maître pour aller à autre apprendre [7], puis qu'il se sont mis à maître pour apprendre durant que l'année soit accomplie, si ce n'est par la deffaute du maître appreneur ou d'injures sceus et esprouvées que le maître luy ait fait.

« Derechef quand le lasseur ou le confiteur aura ouvré toutte son année pour néant, ils peuvent, puis l'année en avant, gangner leurs pains; et s'il advient que le maître qui l'a appris le veut retenir pour le feur [8] qu'autres lui voudront donner, il l'aura avant que nuls, se en la deffaute du maître n'est.

« Derechef quiconque ira contre ces ordonnances et coutumes, et il en est accusé et prouvé par deux hommes ou par trois, il l'amendra aux maire et aux pairs et à la justice de la ville de Chambly de soixante sols.

---

[1] Haubergeon, haubert plus court.
[2] Coiffe ou cervelière cylindrique de mailles.
[3] Chausses de mailles.
[4] Gantelets en mailles qui enfermaient quatre doigts dans une poche unique, à la façon des moufles, et se glissaient sous la manche du gambion et du haubert.
[5] Gorgière, gourgeret, gorgeret, petit camail de mailles.
[6] Housse de mailles formée de deux parties, qui étaient attachées à la selle par des aiguillettes.
[7] Les coutumes des métiers insistaient beaucoup sur cette question complexe et si débattue aujourd'hui des contrats des patrons avec leurs ouvriers et leurs apprentis (Voir Fagniez, op. cit., I, 203-211).
[8] Feur, fuer, gages, salaire.

« Derechef pour touttes ces coutumes et ordonnances garder, tous les haubergiers et tous les menestriers [1] du mestier s'assembleront chacun an une fois, le dimanche après feste Jehan Descolats [2], et establiront deux prud'hommes des plus suffisants de leur mestier quy seront maîtres du mestier pour les coutumes garder, et les amèneront et offriront au maire et aux pairs et à la justice, et le maire et les pairs et la justice prendront leurs sermens sur le livre messel [3], et jureront les deux maîtres sur les Saints Évangiles de Dieu que bien et loialement garderont touttes les coutumes [4] à leur escient. Et se il advient que les maîtres serementés ou autres du mestier qui s'en puisse appercevoir en trouvent aucun quy voiee contre les coustumes et cette ordonnance, ils le feront sçavoir au maire et aux pairs et à la justice et apporteront avant, et le maire et les pairs et la justice l'en puniront par l'amende dessus ditte.

34. — « Voici la coutume des *meusniers*. Le meusnier fera serment qu'il fera moudre et advancer chacun a son lieu bien et loyallement, qu'il ne fera prendre que droitte mouture...... (Serment du sergent meunier.... Prix des moulins de la ville, de Vigneseuil [5]...).

35. — « Voici la coutume des *fours* bannaux [6]... (fournier, fermier des fours; sergent fournier, etc.).

---

[1] Ouvriers.

[2] Saint Jean Décolasse. Décollation de saint Jean-Baptiste, 29 août.

[3] Livre de messe.

[4] Comme on le voit, la coutume des haubergiers méritait d'être citée en entier, à cause de l'importance particulière que la fabrication des hauberts donnait à Chambly, et aussi de la sollicitude que les règlements témoignent pour l'excellence du travail et la réputation du pays.

[5] Chambly avait alors trois moulins : 1° le moulin de Vineseuil ; 2° le moulin de Saint-Aubin, que les religieuses du Moncel avaient cédé au prieur de Saint-Aubin; 3° le moulin de Vassaux, qui eut comme propriétaires successifs Claude le Picard, N.... le Picard son fils, M. de Belloy, neveu du précédent, seigneur des Vassaux.

[6] Les sieurs et dames de la maison de Saint-Ladre, par leur procureur Messire Mahieu le Maistre, prêtre, eurent un démêlé avec les religieuses du Moncel, lesquelles avaient fait une saisie de pain à la foire de la Saint-Ladre, sous le prétexte que ce pain n'avait pas été moulu et cuit à leurs moulins et fours.... Le mercredi de l'assise qui commença le dimanche de Pasques 1348, le lieutenant du bailli de Senlis, Regnaud de

36. — « Voici les coutumes du *vacher* commun de la ville et du *porcher*.... Le vacher, le berger et le porcher doivent faire serment, quand ils entrent en service, que bien et loyalement garderont les bestes et les pourceaux... ; et commence la garde à la St Martin, et dure la garde toute l'année...... (Suit la paye..., en deniers et mailles, ou en blé).

« Derechef... s'il advient par adventure que la vache ou la beste ou le pourcel se blesse ou mehangne, ou tue l'une beste autre, ou qu'elle meure de mournye en allant aux champs......

37. — « Voici les coutumes des *gardes de vignes* et des terres de la banlieue de Chambly....

38. — « Voici la coutume du *guet* de la ville de Chambly.

« C'est à sçavoir que le guet est de telle mannière que touttes les gens doivent guetier, dessoubs qui qu'ils maignent, chacun à son tour ou faire guetier par homme suffisant, s'ils ne maignent [1] sur leur franc fié, s'ils ne sont prêtres ou clercqs, ou justice de la ville au temps qu'il sera justice; et s'il est clerc bigaums, il doit son guet et touttes autres coutumes comme les autres gens de la ville font; et doit on guetier de chacun guet deux hommes chacune nuit, l'un d'une part et l'autre de l'autre, et doivent tous les gueteurs prendre le jour devans le guetter à la justice, et prend la justice leur serment ou leur foi qu'ils guetteront bien et loiallement toute la nuit de l'un guet jusqu'à l'autre commence...... Le premier guet à la porte de la ville par devant Notre-Dame, et s'en vient à la porte par devant la maison Robert Hideux, et s'en revient à la porte par devers la maison Adrien Chiart, et s'en revient à la porte de la boucherie, et s'en revient à la porte de la blancloche et par tout l'enclos des murs et de la rue du bourcq... (les autres guets mentionnent les portes de Pontoise, de Champagnes, de Robert Hideux).

Rully, décida, pour amener l'accord, que les habitants de Chambly pourraient acheter du pain pour leurs banies durant la dite foire seulement.
— Les deux fours banaux de Chambly étaient l'un rue du Grand-Four, aujourd'hui rue aux Vaches, en face l'encoignure du cloître Saint-Aubin, l'autre au carrefour du moulin de Vineseuil, à l'entrée de la rue de la Chaussée, près la rivière.

[1] **Demeurent.**

39. — « Voici les coutumes des *foullons*, des tixerands, des tainturiers, et des faiseurs de drap de laine, faites et établies de l'an 1305 au tems sire Adam de Caillou, maire au tel temps, et de ses compagnons, c'est à sçavoir Philippes Senart, Jean d'Orgemont, Pierre Lusurier, Pierre Barnier, Pierre de Gonnesse, et Pierre d'Orgemont dit pompremier (?).

« Il est ordonné que nuls tixerands ne titra [1] à moins de xvi aunes [2], c'est à sçavoir en camelin, buriaux, blanqs pour faire blouette [3], bonette [4] sans lizière.

« Item il est accordé en demeurant en xviii aunes du moins et en multipliant chacun par son prouffit, c'est à sçavoir en tains [5] en laine mabrées, brunettes, lizière et blanc à lizière.

« Item, pour les moisons, que les ourtres (?) auront en xxxxiii aunes de l'aune de Chambly, et ne les peut on vendre que pour vingt aunes marchandes à l'aune de Paris.

« Item, pour la petite moison, en xxvi aunes de l'aune de Chambly, et ne les peut on vendre que pour quinze aunes à l'aune de Paris, et non pour plus.

« Item si aucuns veulent faire drap de xvi aunes, il le pourra vendre par aune et non de moison.

« Item sy les moisons dessus dittes sont plus petittes qu'il n'est cy dessus dit, l'on debvra soixante sols d'amende, moitié aux maires et moitié aux égars [6].

« Item s'il y a aus draps dessus dits nuls reées [7] faits en tissans, il payera douze deniers d'amende pour chacun reées.

« Item touttes fois et quantes fois que les égars voudront aller voir les ourteres (?) ou les moisons, si elles sont plus

---

[1] Tissera. Étienne Boileau a écrit : « Nus tisserans ne puet tistre... ».

[2] La coutume indique la moison ou mesure que la toile chamblioise devait avoir : au moins seize aunes. La mesure de Chambly était plus faible que celle de Paris dans la proportion que l'on verra aux articles suivants.

[3] Pour teindre en bleu.

[4] Bonette, bourre de laine.

[5] Tains, teints.

[6] Les jurés ou égards étaient chargés par la corporation de veiller à la bonne qualité de la marchandise, mesure, tissage, apprêt, teintures, par la visite, les amendes, la mutilation du drap ou même le feu.

[7] Raies ou clairs causés par des vides dans l'opération du tissage.

courtes que dit n'est ils doivent deux sols d'amende, et sera commandé qu'ils l'amenderont dedans huit jours, et mettent ce point.

« Item quand le drap sera porté au pareur ou au tondeur, s'il est trop haut tondu ou trop bas ou batonné ou corrompu de chardons ou deffauté de parure, les dits égars jurez en feront à leur volonté.

« Item metainture [1], quelle qu'elle soit, par tainture ne vergeure [2], por checune de ce vastel [3], à la volonté des égars ou au jugement.

« Item si le drap est épaulé [4], l'on le couppe parmy, et par les chiefs [5], et chacune couppe l'amande à la volonté des égars ou au jugement.

« Item s'il y a mauvaise laine et fausse, le drap doit être ars sans rachapt.

« Item amescoÿer [6] touttes couleurs sans gaude [7].

« Item ne peut ne doivent mettre cendres d'astre, et s'ils métoient, les égars en feroient à leur volonté.

« Item les tainturiers ne peuvent mettre en noirest [8] bonnettes point de fuelz [9], et sy li métoient, il en sera à la volonté des égars.

---

[1] Ce texte a été défiguré assez pour que je ne risque ma lecture et mes notes qu'avec beaucoup d'hésitation. — Item meshaignure, tare, défectuosité résultant de ce que le travail est « dérouté ». — Le livre des métiers de Gisors s'étend sur les défectuosités que les drapiers doivent éviter dans la fabrication de leurs draps : barres ou rayures, cassures, esverrures du chardon, rentrayures.

[2] Tenture, tenderie ou vergeure.

[3] Pour chacune de ce vastel, gastée, dégât.

[4] Drap épaulé, c'est-à-dire : « Del quel la chayne ne fust ausi bone au milieu comme aus lisières. (Tisserands de drap de Paris entre 1261 et 1270; Fagniez, *Documents relatifs à l'Histoire de l'Industrie*, etc., t. I, p. 227).

[5] On appelle encore chefs les lisières du drap.

[6] Amesnoyer, amesler.

[7] Gaude; gaide, gueir, gueide; réséda luteola qui pousse sur les terrains arides et fournit une teinte jaunâtre. Les teinturiers de guède avaient le privilège de l'emploi de cette couleur.

[8] Noirest.... Faut-il lire : en noir et bonnettes ?

[9] Fuelz, teinture d'oseille (bleu-violet) fabriquée avec le lichen parellus ou parelle.

« Item ils ne peuvent mettre les blancs, ne fleur ne croïe, et s'ils y métoient, il en sera à la volonté du maire et des égars ; et l'amande en est levée, le maire en a la moitié et les égars l'autre....

« Item il est ordonné qu'il aura en la ville de Chambly chacun an jurez et serments à ce garder, c'est à sçavoir : un pour les tainturiers et foulons, l'autre pour les tixerands, l'autre pour les bourgeois et drapiers ; et au chef de l'an ces trois égars pourront établir et mettre pour l'année en suivant trois autres nouveaux et des mieux suffisants et pour leurs serments, sans ce que nuls les puist essendire [1], et en prendre le maire les serments.

« Item il est ordonné que la place d'alouer ces menestrieux sera doresnavant devant la croix du bourg.

« Item tous ceux qui ouvriront avant heure, apprès heure, devront cinq sols parisis ».

[Cette coutume, dit Graves, finit assez singulièrement en assignant la place devant la croix du bourg pour la réunion du ménestrier. Ici évidemment « menestrieux » a le sens moins dissipé de « artisans, ouvriers », et il faut traduire ainsi ce paragraphe : il est réglé que l'emplacement qui sera désormais cédé à loyer à ces artisans pour étaler et vendre leurs marchandises, sera la place qui est devant la croix du bourg].

---

[1] Escondire, de *excondire*, se soustraire à une accusation par une contradiction ; mettre en doute l'affirmation des égards.